Poemas Militantes

Raúl Zurita

Translated by
Mariela Griffor

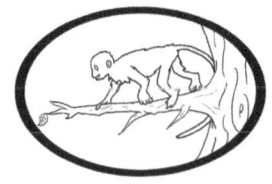

Poemas Militantes

Raúl Zurita

Translated by
Mariela Griffor

Orange Monkey Publishing, 2014

Copyright © 2014 by Raúl Zurita and Mariela Griffor
All rights reserved
First Edition

Orange Monkey Publishing
Grand Terrace, CA
Orangemonkeypublishing.com

Cover photo by:
Design/Layout by: Lawrence Eby

ISBN-13: 978-0-9894771-4-7

Printed in the United States of America

Acknowledgements

Thanks to Lawrence Eby and Orange Monkey Publishing for making this translation possible.

Table of Contents

Canto I	1
Canto II	3
Canto III	5
Canto IV	7
Canto V	9
Canto VI	11
Canto VII	13
Canto de Amor de los Muertos y los Vivos	15
Canto VIII	21
Canto IX	23
Canto X	25
Canto XII	37
Canto XIII	29
Canto XIV	31
Canto XV	33
Canto XVI	35
About the Author	38
About the Translator	40

Los poemas militantes fueron concebidos
en la noche del triunfo

de Ricardo Lagos

Plaza de la Constitución, Santiago,
16 de enero del 2000.

Canto I

Cantemos, sí mar, un poema militante, así,
como los antiguos bardos.
Un poema que horade las aguas
igual que las aspas de esos vapores fluviales
que no hemos visto nunca.
Cantemos un poema de circunstancias
que comience en el nuevo milenio
y que no se termine.
Un poema lleno de consignas como el cielo
pero más ancho que el cielo.
Un poema que tenga nombres
impresos en millones de volantes tocándonos
hasta la luz del mar por los nuevos ojos.
Cantemos un poema del mar
saliéndosenos por los nuevos ojos.
Un poema que tenga miles y miles de banderas
te digo,
como el mar de nuevo por los ojos.

Canto I

Sing, yes sea, a militant poem thus
like the ancient bards.
A poem that pierces the waters
like the blades of those river steamers
which we have not seen before.
Sing a poem of circumstances
to start in the new millennium
that doesn't end.
A poem full of slogans like the sky
but wider than the sky.
A poem that has names
printed on millions of leaflets touching us
up to the light of the sea though new eyes.
Let's sing a poem of the sea
a poem that comes out through new eyes.
A poem that has thousands and thousands of flags
I say,
as the sea again through the eyes.

Canto II

Como espumas los trozos de mi sueño estallan
porque son trozos del mar,
trituradas rompientes
haciéndose añicos dentro de mí, y no digo nada
nuevo porque cada hombre es un océano
y un pueblo es un océano lleno de océanos.
Cantamos entonces hoy en las plazas,
en todas las calles
porque somos un mar henchido de mares
y cantamos a la aurora que somos, la de los
rosáceos dedos,
a las cóncavas naves negras que somos en su
viaje hacia la muerte,
a Homero, poeta del Pacífico,
al ermitaño roquerío negro de Tunquén
que está exactamente
frente a la casa de Ed Shaw y de Bernardita.
Somos de nuevo un pueblo, es eso, un mar más
navegando entre otros mares,
entre las olas eternamente torturadas y vivas
que explotan hacia el cielo
con su sinfónica de costas, estrellas y lloradas.

Sí escucha: eres tú mismo con tus banderas el
que habla,
el transatlántico del mar que flota
y bocinea cantando
que se han vuelto a abrir las anchas alamedas.

Canto II

As foam pieces of my dream explode
because they are pieces of the sea,
ground breaking
shattering inside of me, and I say nothing
new because every man is an ocean
and the people are an ocean full of oceans.
We sing today in the squares,
on all streets
because we are a sea swollen with seas
and sing to the dawn that we are, of the
rosy fingers,
to the hollow black ships that we are in a
journey towards death,
to Homer, poet of the Pacific,
to the hermetic black rock formation of Tunquén
which is exactly
in front of the house of Ed Shaw and Bernardita.
We are again one people, that's all, one more sea
navigating among other seas,
between eternally tortured waves and alive
exploding into the sky
with its symphony of costs, stars and mourning.

Yes listen: you are the same with your banners, the one
speaking,
the transatlantic sea that floats
and sounds the horn singing
the wide Alamedas have been re-opened.

Canto III

Me he partido en 15 millones de sueños y cada
sueño es un pedazo de ustedes,
un pedazo de ti.
De ti que no estás herido por ningún sueño sino
por la realidad.
Ah mi país, largo y angosto como todos los
seres tristes y reales,
mi país como el Quijote de la Mancha que es
triste y real, como yo lo soy,
como el amor es triste, como los sentimientos
son tristes.
Ah mi país partido en 15 millones de seres que
hoy van juntos y flotan
como un campo de nubes abrazándose sobre las
flores,

como un campo abrazándose sobre las flores.

Canto III

I split myself in 15 million dreams and each
dream is a piece of all of you,
a piece of you.
From you, you are not hurt by any dream but
by reality.
Oh my country, long and narrow like all
sad and real beings,
my country as the Quixote de La Mancha that is
sad and real, as I am,
as the love is sad, as the feelings
are sad.
Oh my country divided into 15 million people who
now go together and float
as a field of clouds hugging over the
flowers,

as a field embracing itself over the flowers.

Canto IV

Entonces, como si yo mismo fuese una conjunción
de islas en la noche te hablo
y mis palabras que son las tuyas repletan el cielo
celebrando, bailando, saltando juntas
porque somos un pueblo y cada brizna que hueles
es un pueblo
una constelación de islas navegando en el universo
hermanadas y solas
porque saben que son islas del universo.

Te amo amor mío, te amo, y tus senos de cigüeña
se alzan elevándose en el cielo tremendo.

Te amo y hablo entonces de tu amor, de todas las
ciudades de tu amor,
de todos los mares y archipiélagos,
moriremos igual que islas
lejanos y fúnebres
pero como un mar elevándose sobre todas las cosas
siento el amor más vasto,
el amor que es más extenso que el Pacífico
y que el cielo de las islas del Pacífico.
Todos los rostros los veo ahora
y sé que moriremos solos como las cóncavas naves
marchando
hacia las columnas donde el mar se derrumba.
Pero mi dicha es hoy más poderosa
que la muerte
y tú
y todos ustedes están en mi dicha.

Canto IV

Then, as if I were a conjunction
of islands in the evening I speak to you
and my words that are yours crowd the sky
celebrating, dancing, jumping together
because we are a country and every blade you smell
is a country
a constellation of islands sailing in the universe
twin and single
because they know they are islands of the universe.

I love you my love, I love you, and your stork breasts
rise in the tremendous sky.

I love you and then I speak of your love, all your
cities of your love,
of all the seas and archipelagos
we will die like islands
distant and mournful
but as a sea rising above all things
I feel the immense love,
the love that is longer than the Pacific
and the sky of the Pacific Islands.
I see now every face
and I know we'll die alone as the ships
marching
to the columns where the sea breaks down.
But my happiness is today more powerful
than death
and you
and all of you are in my happiness.

Canto V

A M.A. y los desaparecidos chilenos

¿Habrá reivindicación para ti, hermano mío?
Los espumarajos de la vida
se quiebran
y vuelven a quebrarse sobre las rocas

y no te encontramos, y no estás.

Escudriñamos centímetro a centímetro
entre los acantilados
allí donde el Pacífico se rompe

y no te encontramos.

En sueños puedo verte junto a los no encontrados
de los años terribles
y te imagino bailando con ellos, abrazándote a ellos
en medio de las rompientes que estallan
al lado nuestro
y tú bailas
y todos ustedes bailan y bailan

invisibles y hermosos

como un viento de mar secando las lágrimas.

Canto V

For M.A. and all the Chilean who disappeared

Will there be a claim for you, my brother?
The froth of life
breaks down
and re-breaks on the rocks

and we could not find you, and you're not there.

We scrutinize centimeter by centimeter
the cliffs
there where the Pacific breaks

and we do not find you.

In dreams I can see you with the not yet found
of the terrible years
and I imagine you dancing with them, hugging them
amid the breakers bursting
next to us
and you dance
and you all dance and dance

invisible and beautiful

as a sea wind drying the tears.

Canto VI

A Carmen Orrego

Estamos asolados por la muerte Carmen, los
bichos que suben por nuestros esqueletos
y nos avisan de pronto que son sueños sin noche,
noches sin sueños.

Te quiero, beso tus lágrimas en la oscuridad
cerrada gran poeta,
el pueblo se lanza coreando de alegría, copando
las calles,
pero no está Leopoldo Castedo, no está tu hijo,
tanto dolor Carmen Orrego,
tanto dolor en la noche acorralada de las banderas.

Canto VI

To Carmen Orrego

We are devastated by death, Carmen, the
bugs crawling up our skeletons
and we suddenly are notified that they are nightless dreams,
dreamless nights.

I love you, I kiss your tears in the enclosed
darkness great poet,
the people clamoring for joy launch themselves, crowding
the streets,
but Leopoldo Castedo is not here, your son is not here,
there is so much pain, Carmen Orrego,
there is so much pain in the night impounded by flags.

Canto VII

A Nicanor Parra

Sólo tú estás en la vanguardia, maravilloso
antipoeta y mago,
sólo tú eres más joven que yo,
sólo tú maestro mestizo de estrofas y guitarras
marchas adelante
cruzando el siglo como un pájaro que cruza el mar
sin alardes, simplemente
porque el pájaro es pájaro y el mar es el mar.

Tanto mar Nicanor Parra.
Nos morimos todos los días de nuevo pero tú eres
más joven
y eres siempre más joven.

La multitud y la noche se han llenado de estrellas
(tus hermanos te esperan en la noche blanca
y negra),
y yo te veo
y quiero seguirte,
pero tú vas mucho más adelante,
joven y bello, a la cabeza de la muchedumbre
con tu cuaderno de escolar flotando sobre todos.

Y tú saludas mientras las luminarias y las cámaras
te siguen,
cada vez más joven y bello,
al centro,
igual que una foto encontrada en el futuro.

Canto VII

To Nicanor Parra

Only you are in the vanguard, wonderful
anti-poet and magician,
only you're younger than me,
only you mestizo master of verses and guitar
speeds forward
crossing the century as a bird crossing the sea
without fanfare, simply
because the bird is a bird and the sea is the sea.

So much sea Nicanor Parra.
We die every day again but you are
younger
and you are always younger.

The crowd and the night are filled with stars
(Your brothers await you in the white and
black night)
and I see you
and I want to follow you,
but you go much further,
young and beautiful, at the head of the crowd
with your school notebook floating over all us.

And you greet while the lights and the cameras
follow you,
increasingly young and beautiful,
at the center,
as a photo found in the future.

Canto de Amor de los Meurtos y los Vivos

Rompamos entonces los aires, gritemos,
bailemos y hagamos añicos
las viejas resignaciones,
porque ha triunfado el pueblo
y vivos y muertos están vivos.

Y bailamos entonces con los muertos
y ellos nos dicen cosas al oído,
proponiéndonos escenas subidas de tono
y romances audaces
que tienen que ver con muertos y vivos.

Y las muertas nos dicen vengan
queremos hacer el amor con ustedes
y nosotros hacemos el amor con ellas
llenando las plazas y avenidas
porque no nos llevan ellas a su muerte
sino que nosotros
las llevamos a ellas a nuestra vida.

Y los muertos nos dicen vengan
queremos acostarnos con sus mujeres
y nosotros les decimos vayan
porque ustedes no se llevarán
a nuestras mujeres a la muerte
sino que ellas
los traerán a ustedes a la vida.

¡Ah la alegría del pueblo
que hace acostarse juntos
a los muertos con los vivos!

Y tú vienes de entre las muertas
y me miras a los ojos
hablándome de un pacto de amor:

Love Song of the Dead and the Living

Breaking then the air, let us shout,
dance and shatter
the old resignations,
because the people have succeed
and the living and the dead are alive.

And then we dance with the dead
and they tell us things in his ear,
racy scenes by proposing
bold romance
having to do with the dead and the living.

And the dead come and tell us
we want to make love with you
and we make love with them
filling the streets and avenues
because they don't take us into to their death
but we
carry them into our lives.

And the dead come tell us
we want to sleep with your wives
and we say go
because you will not take
our women to death
but they will take
you to bring you into life.

Ah the joy of the people
makes sleep together
the dead with the living!

And you come from among the dead
and you look at me in the eyes
talking of a covenant of love:

mira, me dices, nadie me ha visto
porque me hicieron desaparecer
mutilada en el Pacífico,
pero si tú yaces conmigo
tendrás mi cuerpo
y no te llevaré yo a la muerte
sino que me traerás tú
al pueblo de la vida.

Y era el pueblo entero entonces
escuchando a sus muertos
y eran los muertos
saliendo a las calles
a abrazarse con los vivos.
Mírennos, nos decían,
que nosotros también vamos
con sus estandartes y banderas.

Y era todo el mar, todo el cielo
juntándose, y yo sentía tu amor
de mar y de muerta
renacer conmigo.
Ah sí, te decía,
la alegría del pueblo
que desposa para siempre
a los muertos y a los vivos.

Ay amor mío escucha,
es el océano donde nos arrojaron,
es el desierto, son los cráteres
donde fuimos dinamitados,
es el río Maipo,
son las tumbas del aire
las que hoy les gritan a sus muertos
como un himno:

Look, you say, nobody has seen me
because they got rid of me
mutilated in the Pacific
but if you lie with me
you will have my body
and I will not bring you to death
but you will bring me
to the people of life.

And the whole town was then
listening to their dead
and the dead were
pouring into the streets
to hug the living.
Look at us, we were told,
we are also walking
with their banners and flags.

And it was all the sea, the whole sky
joining, and I felt your love
of sea and of death and I was
reborn.
Ah yes, I said,
the joy of the people
that espouses forever
the dead and the living.

Oh my love, listen,
is the ocean where we were thrown,
is the desert, there are the craters
where we were blown,
is the Maipo River,
the tombs of the air
which today are shouting their dead
as a hymn.

No nos dejen solos, fuimos su lecho,
los acogimos, los besamos,
les dice la tierra entera
a los cráneos partidos,
a las manos alambradas,
a los esqueletos desperdigados.
Pero ellos cantan y cantan
porque hoy triunfó el pueblo
y cantan, y cantan y cantan,
sí cantan y cantan
el nuevo canto de amor
de los muertos y los vivos.

Do not leave us alone, we were their bed,
they were welcomed, they were kissed,
it tells the whole earth
to the cracked skulls
to the wired hands,
to the skeletons scattered.
But they sing and sing
because today the people won
and sing, and sing and sing,
yes and sing, sing
the new love song
of the dead and the living.

Canto VIII

16 de enero del 2000

Recito entonces mi poema militante a toda voz,
gritando,
mientras el demolido viento de las banderas
se agiganta,
y los cientos de miles de rostros se funden en
silencio, escuchando.
Pienso que tal vez tú también estás entre la
multitud escuchándome,
y en verdad llegué a creer que estabas
porque de pronto vi tu sombra,
algo que llegaba de treinta años atrás:
un hálito, una voz real que sólo oí de lejos,
una cara tan querida
alzándose
como una bandera de humo entre las otras
banderas.

Canto VIII

16th of January 2000

I recite my militant poem so loud,
shouting,
while the demolished wind of the flags
is increasing,
and the hundreds of thousands of faces are merged into
silence, listening.
I think perhaps you too are among the
crowd listening,
and indeed I came to believe that you were
because suddenly I saw your shadow,
something that came from thirty years ago:
a breath, a real voice heard only from afar,
a face so dear
rising
as a flag of smoke among the other
flags.

Canto IX

No deseo otro prestigio que aquel que me da
el amarte,
hijo de mi pueblo que tienes un nombre
(te pongo los nombres que yo quiero en esta
noche)
y si no sabes nada de poesía mucho mejor.

Yo, que no soy ni Neruda ni Huidobro, y que
aspiro sin embargo al honor
de saber que por un instante estuvimos juntos.

Imagino tus ojos, y no tengo frente a ellos otras
palabras que las palabras del amor,
que las palabras más desamparadas y luminosas
del amor:
Hijo de todo lo que he querido en esta vida, hijo
de todo verdor y sueño
al que he aspirado en mi vida,
tú estás abrazado a mí,
a mí que no soy ni Neruda ni Huidobro
y que no quiero ser recordado por otro prestigio
ni por otro honor
que el de saber que estuvimos juntos.

Canto IX

I do not want another prestige than the one that gives me
the fact of loving you,
son of my people who have a name
(I give you the names that I want in this
night)
and if you know nothing about poetry even better.

I, who am neither Huidobro nor Neruda, and
however aspire to the honor
to know that for a moment we were together.

I imagine your eyes, and I have not in front of them more words than the
words of love,
more than the helpless and bright
words of love:
Son of everything that I wanted in this life, son
of all greenery and dream
I have aspired to in my life,
you are embraced to me,
to me that I am neither Huidobro nor Neruda
and do not want to be remembered for another prestige
or by another honor
than knowing we were together.

Canto X

A Rodrigo Marquet

Tu cara Rodrigo Marquet, la cara más hermosa
que han visto mis ojos:
pálido por supuesto, la semi sonrisa,
elegantísimo, camisa verde de seda, corbata gris,
chaqueta también de seda.
Así te vistió tu hermano Teo, Pablo, para la
última pose, para mi última mirada,
tus ojos de flores entreabiertos.
Y yo trataba de besarte sobre el cristal y era como
si tú también trataras
y un rouge imaginario se me pegaba al vidrio
y mis lágrimas y mi saliva se iban quedando
encima, pegajosos,
igual que aguadas de nubes sobre la mirilla.
Nunca se publicaron tus poemas
y acerca de los detalles técnicos: suicidio,
accidente,
qué se sabe del último minuto.
Trataba de besarte en la boca y el rouge se me iba
quedando pegado al cristal
y era como si tú, sonriendo, abrieras tus labios
diciéndome bien, está bien, besémonos.
En cuanto a si habrías estado o no en la noche de
las banderas,
tampoco son cosas fáciles de responder,
tú de bruces
sin amor en un cuarto pequeño dos meses antes.

Y sobre tus poemas: me importaban tus labios y
la dureza del vidrio,
tú sabes, todos los poetas somos amantes e inéditos.

Canto X

To Rodrigo Marquet

Your face Rodrigo Marquet, the most beautiful face
that my eyes have seen:
pale of course, the half-smile,
elegant, green silk shirt, gray tie,
silk jacket as well.
So you wore your brother Teo, Pablo, for
his last pose, for my last look,
your eyes of half-opened flowers.
And I tried to kiss you on the glass and it was like
you were trying too
and an imaginary rouge stuck to the glass
and my tears and my saliva were grown
above, sticky
like watery clouds over the peephole.
Your poems were never published
and technical details about the suicide,
accident,
were not known until the last minute.
I tried to kiss you on the mouth and the rouge
being stuck to the glass
and it was like you, smiling, were to open your lips
saying well, alright, we should kiss.
As to whether or not you would have been there on the night of
flags,
also is not easy to answer,
you face downward
without love in a small room two months earlier.

And about your poems: your lips and
the hardness of the glass I care for the most,
you know, all poets are lovers and unpublished.

Canto XII

Vivimos sobre ruinas y no existe otra eternidad
que la de los sentimientos.
El alma es mortal, el espíritu es mortal y nada
de ello sobrevive.
El Coliseo está muerto como los mártires y el
Partenón es a lo más un montón de piedras,
las inscripciones en mármol,
las sentencias, los códigos están muertos
como Macchu Pichu, como Chichen Itzá,
monumentos de lo efímero.
Todos los templos son ruinas, la Torre de Eiffel
está muerta
como el Empire State o las catedrales góticas.
Y sin embargo hemos erigido monumentos
imperecederos:
dos miradas que se cruzan, por ejemplo,
mi amor por ti, por ejemplo, que me precede en
miles de miles de años
y que me sobrevivirá hasta que el último de los
hombres contemple
el último de los atardeceres.
El sol que cabe entre nuestros cuerpos es más
eterno que las pirámides.

Canto XII

We live on ruins and there is another eternity
than the one of feelings.
The soul is mortal, the mortal and the spirit and nothing
from it survives.
The Coliseum is dead as martyrs and
Parthenon is at most a pile of stones,
inscriptions on marble
statements, codes are dead
as Machu Picchu, Chichen Itza and,
monuments to the ephemeral.
All temples are ruined, the Eiffel Tower
is dead
as the Empire State or the Gothic cathedrals.
Yet we have erected monuments
Evergreen:
two gazes that cross, for example,
my love for you, for example, that precedes me
thousands of thousands of years
and I will survive until the last of the
men contemplating
the last of the sunset.
The sun that fits between our bodies is more
eternal than the pyramids.

Canto XIII

Entre tus ojos y mis ojos se tiende el Atlántico
y sobre el Atlántico
la figura de las tres carabelas.
Le pregunto entonces a tus ojos
que qué significan esas tablas y hacia dónde van.
A América, por supuesto, me contestan.
Cuando partan nos embarcaremos en ellas.
Está bien, me dices, pero mis ojos seguirán
siendo pardos.
Fundaremos ciudades, renombraremos los ríos
y las montañas y descubriremos
un mar más grande que el nuestro.
Sí, me dices, y los puertos serán nuestros ojos
y nos amaremos con locura en cada puerto
y haremos el amor hasta el fin,
como Cristo.
OK. capitán, te digo, descubriremos juntos
América
y nos acompañarán los hipocampos, los delfines,
los peces voladores
danzando
y el azul del Atlántico fulgurará a nuestro lado.
Ahora bien, acerca de dónde quedarse
yo recomiendo la tierra firme:
tus pupilas, las mías.

Canto XIII

Between your eyes and my eyes the Atlantic
and the Atlantic extends
the figure of the three caravels.
I ask then to your eyes
what those tables are and where they go.
To America, of course, they say.
When they depart we will board them.
Okay, you say, but my eyes will continue to
be brown.
We will found cities, we will rename rivers
and the mountains and discover
a sea larger than ours.
Yes, I say, and ports will be our eyes
and we will love you madly at each port
and make love to the end
like Christ.
OK. Captain, I tell you, we will discover together
America
and joining us seahorses, dolphins,
Flying Fish
dancing
and the blue Atlantic will glaze with us.
Now, about where to stay
I recommend the mainland:
Your pupils, mine.

Canto XIV

La palabra beso y la palabra sueño son palabras
que significan beso y sueño,
y para que mi sueño se adhiriera con tu sueño
se nombraron las cosas.
Así, por ejemplo, para que tu voz se adhiriera
con mi voz
se nombró el mar,
y para que nombrando juntos el mar emergiera
un pueblo y las infinidades de pueblos
que son cada uno como el mar.
Te amo en todas las lenguas,
                              en todos los vocablos.
La palabra amor es el amor del universo.
Un mar es un pueblo de amor,
las infinidades de estrellas se llaman pueblo
de las estrellas
y las infinidades de besos
se llaman pueblo de los besos.

Canto XIV

The word kiss and the word dream are words
meaning kiss and dream
and so my dream can adhere to your dream
things need to be named.
Thus, for example, that your voice adhered
with my voice
was named the sea,
and for naming together the sea could emerge
a people and endless villages
that are each of them as the sea.
I love you in all languages
                            in all the dialects.
The word love is the love of the universe.
A sea is a people of love,
the infinity of stars are called people
of the stars
and the infinity of kisses
are called people of the kisses.

Canto XV

En fin, para aquellos que en todo verdor no
ven sino herrumbre:
el poema 10 tiene una frase de Robert Desnos
que alcanzó a sobrevivir
tres horas después de la liberación del campo
de exterminio nazi de Terezin,
en Checoslovaquia
(sobrevivió literalmente sólo para entregar
un poema de amor:
"Tanto soñé contigo que pierdes tu realidad").
Ah, y sobre eso de quienes
en todo verdor no ven sino herrumbre,

amigos detectives de plagios en poesías

tomen ahora ustedes los libros, rómpanse bien
el cráneo y ¡averíguenlo!

Canto XV

Finally, for those who in all greenery
but see only rust:
the poem 10 has a phrase of Robert Desnos
which was able to survive
three hours after the camp's liberation
of the Nazi extermination of Terezin,
in Czechoslovakia
(Literally survived only to deliver
a love poem:
"So much I dreamt of you that you lost your reality").
Oh, and on that of those
Optimists that see nothing but rust,

detective friends of plagiarism in poetry

now you take the books, we will break loose
the skull, research it yourself!

Canto XVI

Y tus ojos serán sólo tus ojos.
Y serán miles, millones de estrellas y de palabras
y una sola estrella y una sola palabra
y el amor será uno y los miles de millones de
besos serán uno.
Y serán tus ojos
y todo el mar brillará en las pupilas de tus ojos
renacidos con mis ojos.
Y las miles y millones de estrellas
se verán al unísono
y las miles y millones de sinfonías
se escucharán al unísono
y las miles y millones de palabras
se sentirán al unísono
y no habrá palabras, ni música, ni estrellas
                                      sólo éxtasis.

Canto XVI

And your eyes will be only your eyes.
And will be thousands, millions of stars and words
and a single star and a word
and the love will be one and the billions of
kisses will be one.
And it will be your eyes
and all the sea will shine in the pupils of your eyes
reborn with my eyes.
And the thousands and millions of stars
will be seen at the same time
and thousands and millions of symphonies
will be heard in unison
and thousands and millions of words
will be felt in unison
and no words, no music, no stars
                            only ecstasy.

About the Author

Raúl Zurita, winner of the Chilean National Poetry Prize, is arguably the most powerful poetic voice in Latin America today. His compelling rhythms combine epic and lyric tones, public and the most intimate themes of grief and joy. Despite having been arrested and tortured under the Pinochet dictatorship, Zurita's prevailing attitude in his Dantesque trilogy Purgatorio (*Purgatory*), Anteparaíso (Anteparadise), and La Vida Nueva (*The New Life*) is a deep love for everything and everyone in the world. His work is part of a revolution in poetic language that began in the 1970s and sought to find new forms of expression, radically different from those of Pablo Neruda. The challenge was to confront the contemporary epoch, with its particular forms of violence, including violence done to language. His book, INRI (Marick Press, 2009, translated by William Rowe), is distinctive in that it does not speak out of individual sorrow—though this is not missing—but seeks, rather a new space, out of which love might be asserted as prime human reality, a space which might give birth to a different type of society.

About the Translator

Mariela Griffor was born in the city of Concepcion in southern Chile. She is the author of *Exiliana* (2007) and *House* (2007) and founder of Marick Press. Her work has appeared in *Passages North, Cerise Press, Washington Square Review, Poetry International* and others. Mariela holds a B.A in Journalism from Wayne State University and an M.F.A. in Creative Writing from New England College. Her forthcoming publications include the translations: *Canto General* by Pablo Neruda (Tupelo Press), and *Bye, have a good time!* by Kristina Lugn.

About the Press

Orange Monkey Publishing is a small pressed based in the Inland Empire of Southern California. Started in May of 2012, the press has grown to include authors such as Nikia Chaney, Michelle Bonczek, L.I. Henley, and S.Marie Clay. We hold one book contest a year and the rest of our books are found via scouts. For more information, please visit orangemonkeypublishing.com.

Current and Forthcoming Titles:

Strange Couple from the Land of Dot and Line by S.Marie Clay

Desert with a Cabin View by L.I. Henley

Art of the Nipple by Michelle Bonczek

Sis Fuss by Nikia Chaney

www.ingramcontent.com/pod-product-compliance
Lightning Source LLC
Chambersburg PA
CBHW021001090426
42736CB00010B/1410